Félix de CHEVROLLET

VENISE

50 CENT.   EN   50 CENT.

1847

Descriptions, Impressions, Mœurs, Anecdotes. — Venise, la nuit. — Les soirées de la place Saint-Marc. — Le Cercle et les Boudoirs de la noblesse vénitienne, etc. — La Fenice ; les *Horaces* de Mercadante. — La duchesse de Berry et sa cour. — L'*Assomption du duc de Berry*, etc. — Le Congrès scientifique, le prince Napoléon. — La *fête des Gondoliers*, les *Régates*. — Les Vénitiennes. — La vie à Venise ; les jeunes peintres français ; Taglioni, ses palais. — Le salon vénitien de 1847, etc., etc., etc.

PARIS.

CHEZ MADAME Vve. GAUT,

4, Galeries de l'Odéon.

—

1848

VENISE

EN

MIL HUIT CENT QUARANTE-SEPT.

Paris. — Imprimerie de Lacour,
Rue S.-Hyacinthe-S.-Michel, 33.

VENISE

EN

1847

Par Félix de CHEVROLLET.

PRIX : 50 CENTIMES.

PARIS,

CHEZ MADAME VEUVE GAUT,

4, GALERIES DE L'ODÉON.

1848

VENISE

EN

MIL HUIT CENT QUARANTE-SEPT.

SOMMAIRE.

Descriptions, impressions, mœurs, anecdotes.—Venise, la nuit. — Les soirées de la place Saint-Marc. — Le cercle et les boudoirs de la noblesse vénitienne. — La duchesse de Berry et sa cour à la place Saint-Marc. — Le théâtre de la Fenice. Les *Horaces* de Mercadante. — Taglioni, ses palais. —Celui de la duchesse de Berry. — Sa galerie de tableaux; l'assomption du duc de Berry!... — L'église Saint-Marc, le palais Ducal, la Piazzetta, etc. — Le congrès scientifique, le prince Napoléon. — La fête des gondoliers, les régates les gondoliers et les carpes. — Les femmes. —

Trouvaille merveilleuse faite par un comte français, amoureux et peintre.—M. Serrure et sa copie de l'*Assomption* du Titien, commandée par le
gouvernement français. — L'Académie; l'*Exposition de peinture et de sculpture vénitiennes de* 1847.
—Les modèles vivants.—Les jeunes peintres français.—La vie à Venise.—Un jeune peintre marié.
— Les Vénitiens et leur politique.

—

Venise.

Mon ami, vous m'aviez demandé, n'est-
ce pas, une prompte lettre de Venise ? —
Depuis je ne sais combien de jours que j'y
suis, voici la première fois, je vous jure,
que je pense à vous. — Ne m'en veuillez
point. — Moi, vous le savez, j'ai le tem-
pérament cosmopolite; je prends racine
partout où je me plante; je m'enfonce
dans toute vie où la poésie m'attire, et
j'oublie, malgré moi, mes existences an-
térieures et mes anciens amis, — si bien

qu'aujourd'hui, par exemple, vous ne m'apparaissez plus que comme le fantôme d'un être que j'ai connu dans un autre monde, et cela me semble aussi fou de vous écrire, que d'écrire à un habitant de la lune.

N'ai-je point parlé de la Poésie? — La Poésie!... il faut être bien hardi pour vouloir aujourd'hui faire ressusciter ce nom-là, en français. — Cependant, bien que chez nous on ait répandu le bruit de sa mort, la Poésie vit toujours, croyez-le, — non pas en France; elle a passé depuis longtemps nos frontières et voyage au loin pour son agrément; — donc, pour la rencontrer, il faut prendre un passe-port à l'étranger et courir les grands chemins, — ce que je fais chaque année.

L'an dernier, je la trouvai en Écosse; la pauvrette avait maigri et perdu de ses couleurs ; elle était même fort pâle, — les voyages la fatiguent, — mais toujours belle.

Nous restâmes quelque temps ensemble. — Un soir, comme nous nous promenions au bord du lac Oich, elle me parla des Français.

— Ils m'ont donc tout-à-fait oubliée ?

— Mon Dieu, oui, ma bien belle.

— Et pour qui soupirent-ils à présent ?

— Pour des mignons qu'ils appellent millions.

— Pauvres gens !...

Là elle fut prise d'un petit accès de toux.

— Décidément, il fait trop froid ici, continua-t-elle, allons nous-en. Pourtant ces brouillards qui patinent sur le lac, et se culbutent en riant, sont fort jolis à voir. Hum ! hum ! je m'enrhume, mon cher, partons ; — j'ai envie d'aller en Italie, et toi ?

— Aussi ; mais, ma chère amie, je n'ai plus assez d'argent.

— De l'argent ? — Pourquoi faire ?

— *Ah ! on voit bien, madame, que vous voyagez sur l'aile du vent, et que vous vivez d'amour et d'air frais. — A moi, il me faut des voitures, des beefteacks et du vin, — ce qui coûte plus cher. — Si vous pouviez me prêter deux mille francs ?... mais vous n'avez jamais le sou....

— C'est vrai.

— Alors, je ne puis que vous accompagner jusqu'à mi-chemin. Nous remonterons le Rhin ensemble ; à Heildelberg, je vous laisserai pour rentrer en France.

Ce qui fut fait. — Nous nous quittâmes dans la vallée du Neckar, après nous être donné rendez-vous à Venise pour l'été prochain.

Nous nous y sommes retrouvés. — Ça été grande joie des deux parts.

Nous vivions en tête-à-tête, fort amoureusement, depuis deux semaines, quand, l'autre jour, elle s'est sauvée tout-à-coup, sans rien dire, et m'a laissé seul sur mon lit de malade. Elle hait la maladie; dès qu'elle l'aperçoit, elle s'enfuit.

Je vous le dis donc, je suis malade. — Et, voyez l'égoïsme, c'est pour cela, cher docteur, que je suis venu à penser à vous.

— Malade de quel mal ?

— D'un empoisonnement. — Au milieu de la nuit, je me réveillai en sursaut et sautai de mon lit en cabriolant et me tordant les côtes comme un diable tombé dans un bénitier. — C'étaient des douleurs atroces. — Je crus un moment que mon àme était bien décidée à s'en aller ; mais heureusement les précurseurs partirent seuls. — Des seaux de thé ont fini par me calmer un peu. — J'avais mangé des huîtres de l'Adriatique, qui est une fort belle mer, plus bleue encore que la Méditerranée, mais qui a tort de produire une pareille denrée. Quand vous viendrez à Venise, défiez-vous de ses huîtres en septembre.

— Oh ! le vilain ! qui nous parle d'huîtres à propos de Venise, dit, en faisant une jolie moue, une jolie dame qui me lit par dessus votre épaule.

— Mia cara ! mais Venise est une huître, à perles il est vrai, — échouée dans les lagunes.

Voulez-vous maintenant, puisque je me sens mieux, que je vous parle des impressions que m'a causées Venise ? —

C'est là ce que vous désiriez savoir, n'est-ce pas ?

Pour la ville en elle-même, vous la connaissez par les tableaux (trop froids de ton) du Canaletto. Je ne vous en ferai donc pas d'inutiles descriptions.

Mais, apprenez d'abord qu'avant d'aller voir Venise, je suis resté plus d'un mois avec les Alpes. — Elles sont toujours admirablement belles, mon ami, ces grandes Alpes blanches ! et ça été pour moi une sensation délirante quand je les ai revues du haut du Rhigi, — le plus merveilleux point de vue, sans contredit, de toute l'Europe.

Vous qui êtes docteur, expliquez-moi ceci : — Comment se fait-il, qu'en présence de cette sublime nature, j'éprouve un frisson de l'âme et du corps plus intense et plus voluptueux trois fois, oui, qu'à

l'approche d'une belle femme aimée ? l'a-
mour de la nature serait-il supérieur à
l'amour de l'être humain ? — Pour moi,
je le crois fermement. — Et la nature ne
trompe jamais ceux qui l'aiment ; et la
passion qu'elle inspire, loin de diminuer
jamais, va croissant toujours. — Heureux
ses amants ! ils peuvent, dans son sein,
oublier tous les mécomptes de la vie civi-
lisée.

En fait de réflexions philosophiques,
voilà qui suffit.

Pour continuer, je vous engage fort,
quand vous viendrez en Italie, à prendre,
comme j'ai fait cette fois, la route du Sim-
plon ; — c'est la vraie, la plus belle ; —
le versant méridional, surtout, est pro-
digieux d'originalité et de grandeur.

Imaginez des joues et des cous de mon-
tagnes, hauts de trois mille pieds, les unes

taillées à pic, les autres chargés d'énormes
goîtres de granit, qui pendent au-dessus
du vide, et toutes ces têtes diaboliques se
regardent nez à nez, avec d'atroces gri-
maces, et en bavant des torrents qui tom-
bent sur une fougueuse rivière blanche,
que l'on voit écumer et rugir pour se
frayer passage entre les pieds tortueux
de ces Titans, dont les jambes crispées
s'entrecroisent comme celles de lutteurs
romains. — La route profite du passage
que lui ouvre la rivière, et court avec elle
en la tenant tant qu'elle peut par la jupe,
mais, par moments, elle est obligée de la
lâcher et de marcher seule au-dessus des
précipices, où sa fantasque compagne se
jette en bondissant, les cheveux épars.—
Souvent une corniche lui barre le passage,
elle se rue contre elle et, courageuse-
ment, la perce d'outre en outre; — enfin,

après mille luttes et mille périls, elle s'é-
chappe de ces âpres défilés et s'élance,
folle de joie, dans cette vaste et splendide
vallée de Domodossola, toute luxuriante
de verdure, zébrée d'ondes miroitantes,
parsemée de bruns villages et de blanches villas qui se cachent en riant sous
leurs délicieux berceaux de vignes. — Un
soleil radieux troue l'azur limpide du
ciel, et inonde de sa chaude lumière tout
ce fouillis verdoyant ; — c'est l'Italie qui
apparaît tout-à-coup dans toute sa magni-
ficence !

A quelques lieues plus loin resplendit
le lac Majeur, ce beau miroir encadré
d'argent, dont la Suisse a fait cadeau à la
Lombardie, sa coquette voisine, qui s'y
mire sans cesse, amoureuse d'elle-même.
— Puis vient Milan et son merveilleux
dôme tout de marbre, aux mille flèches

blanches et dentelées qui, la nuit, semblent des flocons de neige remontant vers le ciel.

De Milan, le mieux, pour moi, qui connaissais Gênes la superbe, était de me diriger vers Venise la belle; — ce que je fis en passant par Brescia, Vérone et Vicence, toutes villes fort curieuses, mais dont je n'ai pas à vous parler. — Enfin j'arrivai de Vicence à Venise par le rail-way.

Rail-way! Venise! — Vous les voyez postés face à face comme chien et cygne; Venise, à quelques pieds de la rive, les ailes gonflées, sifflant de courroux à l'aspect de cet ennemi nouveau, — rail-way au bord de l'eau, les jarrets tendus, la queue droite, grinçant des dents. — Tout-à-coup il se jette à la nage; vous croyez qu'il va la dévorer, — point; parvenu près d'elle, fasciné par sa grâce et sa beauté, il lui lèche le col, puis, amoureusement, enfouit sa tête sous l'aile blanche du charmant oiseau qui sourit et le laisse faire.

Autrement dit, Venise est entourée d'une telle atmosphère de poésie, qu'elle poétise tout ce qui l'approche, les objets les plus prosaïques, un chemin de fer.

C'est, je vous l'assure, un merveilleux spectacle lorsqu'on arrive à Venise, la nuit, par le chemin de fer. — Pendant deux lieues, les wagons, glissant sur l'étroite jetée qui traverse les lagunes, semblent courir sur les flots. — De chaque côté de lui, le voyageur n'aperçoit qu'une immense nappe d'eau où se regardent les étoiles blanches, et, en avant, bien loin, comme au bout de la mer, des constellations de lumières rouges se reflétant sur la vague en lueurs sanglantes. — C'est

Venise, la belle baigneuse, qui se fait éclairer aux falots pour prendre son bain nocturne. — Elle demeure immobile, faisant la planche, couchée sur le dos, — et l'on voit surgir au-dessus de l'onde ses beaux seins polis (les dômes de Saint-Marc) argentés par la lune.

Mon ami, je vous en conjure. quand vous viendrez à Venise, arrivez-y la nuit. — C'est le moment où la vieille ville des doges recouvre toute sa puissante poésie de moyen-âge. — Les sombres canaux glissent mystérieusement entre les pieds des maisons, qui s'avancent à tâtons dans la demi-obscurité où les laissent quelques pâles lanternes que tiennent les madones accroupies dans leurs niches ; — toutes les fenêtres qui rôdent le long de l'eau, portent un masque de fer, et s'observent l'une l'autre d'un air défiant et

farouche ; — les portes sinistres, embus-
quées dans des enfoncements ténébreux,
semblent prêtes à se jeter sur vous ; —
et les noirs escaliers qui descendent dans
le canal vont vous saisir à l'improviste et
vous noyer sans pitié. — Tous n'ont pas
ces intentions hostiles ; il en est bien qu'à
leur mine doucereuse, à leur démarche
timide, on reconnaît pour des messagers
d'amour que leurs maîtresses impatientes
envoient au devant d'un amant qui se fait
trop attendre. — Ne croyez pas non plus
que toutes les maisons soient préoccupées
d'affaires tragiques ou galantes ; on en
voit de très jolies qui ne songent qu'à s'a-
muser fort innocemment, par exemple, à
détacher du ciel, avec leurs longues che-
minées en forme de cueille-pommes, les
belles étoiles brillantes comme des dia-
mants qui pendent par milliers au-dessus

de leurs têtes. — Elles restent là , le nez en l'air, s'occupant fort peu de ce qui se passe autour d'elles, — et , pendant ce temps, les gondoles noires, avec leur petite lanterne sourde, vont, viennent , se croisent comme des âmes errantes , — et l'on n'entend que le frôlement des rames, et, de temps à autre, les cris modulés que poussent les gondoliers (1), pour se prévenir et s'éviter aux détours des canaux. Ces hommes mettent une adresse merveilleuse à manœuvrer leur barque. Un coup de rame dans l'eau leur suffit pour lui faire doubler un angle de muraille, sans ralentir un moment sa course aussi rapide

---

(1) Sauf ces cris, les gondoliers de Venise sont aujourd'hui muets comme des carpes, — et ignorants comme elles. — Pas un ne sait un vers du Tasse.

que celle d'un cheval au grand trot.—Nous étions ébahis, presqu'effrayés, la nuit que nous arrivâmes ici, de voir tous ces fantômes bizarres glisser près de nous silencieux et fuir comme des rêves ; et tous ces ponts (1) alertes qui sautaient à chaque instant d'un seul bond par dessus nos têtes et disparaissaient dans les ruelles étroites (2), comme des amants ou des voleurs en fuite, nous jetaient dans le cœur une

----

(1) 408.
(2) Il n'y a dans Venise que des ruelles. Celle qu'on nomme emphatiquement la *Grande rue*, et qui débouche près de Saint-Marc, a 8 pieds de large ; la largeur des autres est ordinairement de 3 à 4 pieds. Il en est où l'on ne peut ouvrir un parapluie. (Toutes sont dallées). Les places sont en proportion (sauf la place Saint-Marc), et encombrées de marchands de friture, de fruits et surtout de courges cuites qui se vendent au morceau. Ces courges sont longues et grosses comme des traversins. C'est d'un goût détestable ; le peuple en est très friand.

alarme vive mêlée de joie et de bonheur.
—Nous nous croyions fermement dans la
Venise du xv⁰ siècle, la ville des mystères
amoureux et tragiques.

Après nous être fait promener sur l'eau,
durant plus de deux heures, à travers
toute cette poétique fantasmagorie, nous
abordâmes dans un recoin obscur, et sui-
vant les faschini qui chargèrent nos ba-
gages et nous firent errer pendant quelques minutes dans un dédale de ruelles
noires disposées en parfaits coupe-gorge,
nous débouchâmes tout à coup, au sortir
de ces ténèbres, et en même temps qu'é-
clatait la puissante et splendide harmonie
d'un orchestre militaire, sur une place
immense, longue et carrée, illuminée de
trois cents torches de gaz, entourée de
mille arcades aux fronts drapés de rideaux
bleus, et à l'extrémité de laquelle scintil-

lait une large façade d'église dont les sept
portails étaient soutenus par une multitude
de colonnes en marbre oriental, et parés
de riches mosaïques aux couleurs étince-
lantes de pierreries rouges, vertes et or ;
— sur la galerie, au-dessus du portail
principal, piaffaient quatre chevaux de
bronze ; et derrière les frontons couverts
de peintures et tailladés en pointes qui
surmontaient cette galerie se dressaient
quatre dômes d'argent qui étendaient dans
le bleu limpide du ciel leurs jolies croix
grecques dont les branches bizarrement
découpées chatouillaient les étoiles sou-
riantes et pinçaient la face pâle de la lune,
leur vieille duègne, toujours grave et
sévère.

On eut dit un décor des *Mille et une
Nuits*. Et cette place immense, pavée de
dalles luisantes, était encombrée de grou-

pes épais d'hommes et de femmes la plupart en toilette de bal, les uns assis le long des arcades, les autres allant et venant au milieu de cette foule immobile et bariolée, et parmi ces derniers, les femmes les plus richement parées et les plus belles promenaient dans la lumière et dans les vagues ondoyantes d'une symphonie de Beethoven, leurs blanches épaules nues, pures comme des marbres de Carare.

A cette apparition magique, nous restâmes tous quatre cloués sur nos pieds, nous croyant transportés par un rêve dans quelque féérie de l'Orient. — Quand, arrachés à cette extase par la nécessité vulgaire de suivre nos malles que n'avait point arrêté cette merveille, nous pénétrâmes dans cette foule, nous pûmes nous convaincre que ce n'étaient point là des êtres fantastiques. — Nos costumes et nos figures étranges, sans doute, attirèrent sur nous mille regards féminins dont la flamme brûlante partie de visages d'une beauté divine nous fit bientôt entrer en une fusion si complète, qu'arrivés à notre logement, nous fûmes obligés de nous jeter dans des baignoires d'eau froide pour nous rendre à l'état solide.

Après quoi nous retournâmes à la place Saint-Marc nous faire fondre de rechef.

De ma vie, je n'oublierai cette première nuit à Venise, et je suis sûr qu'elle ne s'effacera jamais de la mémoire de mes braves compagnons et amis.

— Quels donc?

—Deux peintres et un compositeur français, rencontrés à Vérone, — nous nous sommes liés de prime abord, —trois charmants garçons, jeunes, pleins d'enthousiasme et d'esprit ,—choses précieuses et rares.—L'esprit et l'enthousiasme ne courent ni les rues ni les chemins.—Il est effroyable, au contraire, le nombre des imbéciles, des sots et des fades qui rampent en tous sens autour de ce globe.— C'est un grand bonheur et une grande joie pour le voyageur lorsqu'il découvre sur sa route quelqu'un de ces êtres exceptionnels qu'on nomme gens de cœur et d'esprit. — Mais en trouver trois du même coup, — c'était une bonne fortune inouïe, dont je me gardai bien de ne pas profiter.

Ils m'offrirent de partager l'appartement qu'ils avaient fait retenir dans une maison voisine de la place Saint-Marc ; — j'acceptai avec d'autant plus d'empressement que tous les hôtels de Venise étaient, m'avait-on dit à Milan, pleins jusqu'aux combles d'étrangers venus ici pour le congrès (1)

---

(1) J'ai assisté à quelques séances de ce congrès

scientifique et la fête des gondoliers.

Le lendemain de notre arrivée, nous commençâmes après midi nos courses dans la ville. — Je craignais de voir s'évanouir au grand jour toutes les poétiques illusions qui nous avaient caressés la nuit. — Mais Venise est une ville admirablement coquette, qui sait être belle à toute heure, et ménage toujours de charmantes surprises à ses amants.

---

qui se tient au palais ducal transformé en tour de Babel. Les savants de tous pays parlent chacun sa langue, — italien, anglais, allemand, français, etc., en sorte qu'ils s'entendent rarement. — Le prince Napoléon, président d'une section, a reçu l'ordre de quitter Venise, dans les vingt-quatre heures, pour avoir fait, dans son discours d'ouverture, l'apologie de Pie IX, disant que *ses deux clefs* (armes du pape) *lui servaient l'une à fermer la porte des idées rétrogrades et despotiques du gouvernement autrichien, l'autre à ouvrir celle des idées progressives et libérales de la France.* (Baragouin).

Les palais que nous avions entrevus la veille, couverts du sombre manteau nocturne, qui leur donnait une mine si rébarbative, nous apparurent cette fois dans leur réelle beauté, dans toute leur gracieuse nudité. — Nous admirâmes longuement toutes ces belles colonnades, ces élégantes fenêtres à ogives entrelacées, et surtout ces jolis balcons de pierre si délicieusement ouvragés. — Saint-Marc ne nous avait montré que ses moindres merveilles ; nous jetâmes quatre cris d'extase en pénétrant dans cette splendide église, où s'est fait une si prodigieuse débauche de marbres de toute sorte, de bronzes, de dorures, de bas-reliefs, de colonnes de vert antique (500), et surtout de mosaïques, qui sont toutes d'une exécution si parfaite qu'on les prendrait volontiers pour des peintures sur toile.

— Les parois latéraux, les voûtes et le pavé de l'édifice sont incrustés de pierreries de toutes couleurs, si bien que le regard voltige sans cesse, attiré de tous côtés, ne pouvant se poser sur aucune de ces fleurs éblouissantes.

Après Saint-Marc, le monument le plus curieux de Venise est ce grandiose et bizarre Palais ducal, qui dresse, à côté de là, la masse imposante de ses grands murs arabes, de marbre rougeâtre et carrelé, que soutiennent deux rangs de colonnes superposées, et que couronne une charmante fraise de dentelle en pierre. — Il forme l'angle du Môle et de la Piazzetta, la plus charmante petite place de Venise, que terminent les deux fameuses colonnes, surmontées du lion ailé et du dragon qui gardent l'entrée du grand canal. — Toutes les salles de cet immense palais ont leurs murailles et leurs plafonds couverts de peintures des plus célèbres artistes vénitiens.

C'est là que j'ai appris à connaître le Tintoret, dont nous ne possédons au Louvre que de faibles tableaux, qui ne peuvent donner une idée du génie de ce peintre, — rival de Michel-Ange par ses compositions colossales, empreintes d'une puissance incroyable (voir seulement, dans la salle du grand-conseil, *la Gloire du Paradis*, chef-d'œuvre de trente pieds de haut et soixante-quatorze pieds de large), rival du Corrége par ses gracieux tableaux de genre ; — je ne sais rien de plus suave, de plus pur, de plus délicieusement joli, comme expression, forme et couleur, qu'*Ariane couronnée par Vénus* ; — et *Pallas chassant le dieu Mars !* et *Mercure et les Grâces !* dans la même salle (anti collége) se trouve l'*Enlèvement d'Europe*, de Paul Véronèse, encore une œuvre adorable qu'Antonio Allegri aurait bien voulu signer. — Et les Bellini, les Cantarini, les Bassano, les Salviati, les Zuccharo, les Palma, les Padovanino, les Schiavane, les Giorgione, les Titien ; — mais ce n'est pas là qu'est l'œuvre capitale du Titien. Il faut l'aller voir à l'Académie. — Qui n'a pas vu l'*Assomption* du Titien ne connaît pas ce peintre. — Cette toile là fait presque dédaigner les chefs-d'œuvre qui l'entourent. — L'*Annonciation* de Paul Véronèse, seule, ne pâlit pas à côté d'elle.

Un peintre français, M. Serrure, vient de faire une copie de l'*Assomption*, commandée par notre gouvernement, qui doit être prochainement envoyée à Paris. — Elle y fera sensation. — C'est une traduction admirable qui vaut presque l'original. — En la regardant, il m'est revenu de pénibles réflexions sur nos jeunes peintres actuels. — La plupart d'entre eux peignent parfaitement, connaissent tous les secrets de leur art et ne peuvent faire un tableau. — L'idée leur manque ! ces gens là n'apprennent qu'à peindre et point à imaginer. — Ils acquièrent les moyens de pouvoir parfaitement rendre leurs pensées, mais les pensées ne leur viennent point, ou saugrenues. — Leur cerveau seul ne travaille point. — Leur ignorance est extrême; ils ne lisent rien, ne méditent sur rien, n'étudient que les procédés matériels du métier, et se croient artistes dès qu'ils sont parvenus à bien copier un tableau de maître. — Manouvriers ! — Ce M. Serrure, par exemple, qu'a-t-il fait d'original? rien, que je sache;

— et pourtant sa copie décèle une main extraordinairement habile.

C'est encore l'œuvre la plus remarquable de toutes celles que j'ai vues à l'Exposition vénitienne de cette année. Ces pauvres Italiens sont toujours en décadence. — Pas une toile qui mérite d'être citée. — De lourdes et gauches imitations des Flamands; des paysages qui ne sont d'aucun pays; des scènes bourgeoises et ridicules; — il y a pourtant un M. Schiavane qui fait d'assez jolis tableaux de genre, quoique pourléchés et prétentieux. — C'est le peintre en vogue à Venise.

Les sculptures sont meilleures; j'ai remarqué quelques bonnes statues, de belles femmes nues, bien rendues. — On trouve encore ici des modèles très beaux des pieds à la tête. Les sculpteurs se contentent de les copier tels quels, d'un bout à l'autre.

Nous ne nous sommes pas arrêtés long-temps au salon de l'exposition. — Il y a dans Venise, outre Saint-Marc, le palais Ducal et l'Académie, cent églises et autant de palais particuliers remplis d'œuvres éminentes de vieux peintres vénitiens et autres à qui nous devions donner la préférence... — il faudrait des mois, des années, pour connaître tous les trésors de peinture que renferme cette ville. — Chaque jour nous en découvrons quelques uns. — C'est une jubilation continuelle; — je ne veux pas vous en parler. — Ce sont choses qu'il faut voir et non décrire.

Dans le palais de la duchesse de Berry un tableau m'a fait étouffer de rire ; l'assomption de M. le duc de Berry, en chemise, enlevé par des anges, et reçu dans

le ciel par Saint-Louis, Henri IV et
Louis XVI ; madame la duchesse pleure au
bas sur un très bon canapé. — C'est drôle
on ne peut plus. — Je me suis tenu les
côtes très fort pour ne pas éclater,—ce qui
eut causé, je pense, grand scandale parmi
les nobles visiteurs qui m'entouraient.
— Les appartements de la duchesse, qui
renferment quelques bonnes toiles de l'é-
cole française moderne, sont ouverts au
public deux fois par semaine.—Son palais,
sur le grand canal, est un des plus beaux,
des plus vastes de Venise, et fort luxueu-
sement meublé ; je consentirais bien à y
être exilé. — C'est un paradis qui n'a
coûté que cent mille francs. — Aujour-
d'hui, il se vendrait cinq cent mille.—Le
prix des maisons a quintuplé à Venise depuis quelques années.—Les riches étrangers nobles y affluent et les riches artistes.

— Taglioni a acheté trois palais, les plus jolis du Canalazzo (1).

Pour en revenir à madame la duchesse de Berry, je vous dirai que l'un de nous à eu l'honneur d'être reçu chez elle en particulier.

— Vous? mais vos principes.....

— Non ; pas moi, s'il vous plaît ; mais B. de L., et point pour faire sa cour à la célèbre exilée. — Il a trop d'esprit pour être légitimiste. — Sa visite n'était que de curiosité. — Il a été fort bien accueilli par le comte Luchesi. — C'est, il paraît, un charmant homme que ce comte, bon et simple.—Il s'est offert à nous rendre tous

____

(1) Le canalazzo ou grand canal, qui traverse toute la ville, a la forme d'un S. C'est là que se trouvent les plus beaux palais.—Les petits canaux en ont aussi de très beaux; il faut savoir les découvrir dans le dédale.

les services possibles pendant notre séjour à Venise où il jouit de grande influence et considération. Lui et la duchesse sont très bien vus de la noblesse vénitienne qui, comme toutes les aristocraties de république, est très fière de ses titres et, pour se donner encore du relief, fraie volontiers avec plus nobles qu'elle. — Les Français sont toujours bien venus dans cette société. On les admet avec empressement au cercle de la noblesse. — Ce cercle qui occupe une partie des bâtiments de la place Saint-Marc est composé de salons très richement décorés et de délicieux boudoirs. — Les dames y viennent; ce qui rend ces réunions plus agréables qu'on ne saurait dire.

En été, on descend d'ordinaire sur la place Saint-Marc, devant un café, pour prendre des glaces en plein air et entendre la musique des régiments autrichiens. C'est

la mode de donner là ses soirées sur des
chaises de louage.—La duchesse de Berry
vient souvent y tenir sa cour. — La place
Saint-Marc est plus belle, en été, que les plus
beaux salons du monde ; c'est pourquoi
on lui donne la préférence.

Que de soirées enivrantes nous avons
déjà passées-là , sous quel ciel bleu ! sous
quels yeux noirs!... — et que les glaces
de Venise sont exquises et peu chères (1) !
elle est fabuleuse, la quantité que nous en
absorbons chaque soir.—On reste-là ainsi
jusqu'à minuit, se laissant vivre tout vo-
luptueusement au milieu des femmes , de

---

(1) Quatre à cinq sous de France. Les autres den-
rées ne sont pas plus chères, en proportion. Aussi
dîne-t-on très bien, au restaurant, pour un franc.
— Le vin ordinaire est mauvais ; le chypre excel-
lent (2 fr. la bouteille); on boit à Venise beaucoup
de bordeaux ; — peu cher.

la musique, des glaces, et de l'air frais qui voltige sur les lagunes.

Puis viennent les promenades nocturnes en gondole.—Quelle charmante invention que la gondole ! — c'est, à coup sûr, un amant qui a imaginé ce boudoir qui vogue, si commode à l'amour, et vous berce avec une si douce mollesse, et vous ravit si mystérieusement à tous les regards jaloux. — Toutes les gondoles de Venise sont les mêmes : trente pieds de long, quatre de large, terminées en pointe, la proue armée d'un fer à dent de scie, le casin au milieu de la barque, recouvert d'un drap noir, — en sorte qu'il est impossible de les distinguer les unes des autres. — Elles quittent rarement cet uniforme, pour les régates, à la fête des gondoliers,—par exemple, — ainsi que nous l'avons vu l'autre jour.—Toutes étaient découvertes et mon-

traient de ravissants bouquets de femmes.
—C'était un spectacle enchanté que toutes ces barques pavoisées, tendues de dra-
peries en soie de toutes couleurs qui se
miraient dans l'eau, abritées de voiles
brodés d'or ou d'argent qui flottaient à la
brise, ou recouvertes de dais en velours
éclatants, et entourées de guirlandes de
fleurs. — Et les gondoliers portaient tous
les costumes pittoresques du moyen-âge,
les longs pantalons collants, rouges ou
partagés en deux couleurs, les justaucorps
étroitement lacés au buste, et dessinant
souvent d'admirables hommes, et les to-
ques à plumes.

De grands bateaux pompeusement décorés et chargés d'orchestres allaient et
venaient au milieu de cette foule grouil-
lante de petites embarcations, promenant
leurs vives symphonies italiennes le long

du grand canal dont toutes les maisons laissaient pendre par les fenêtres de riches tentures de toutes sortes et de toutes nuances. Et sur les balcons et aux croisées des milliers de têtes échelonnées faisaient rire et babiller tous ces vieux palais étonnés de se retrouver si joyeux et si galamment parés.

Ces régates vénitiennes ne sont pas en elles-mêmes très curieuses. — De petites barques plates, montées par deux rameurs debout, partent ensemble d'un même point et luttent à qui arrivera la première au but. — On couronne les vainqueurs et tout est dit. — La vraie fête est de voir papilloter sur l'eau et sur les murs toutes ces innombrables décorations bariolées, et de regarder réunies, toutes ces piquantes figures italiennes, parmi lesquelles se trouvent tant de physionomies vraiment belles et poétiques.

Le peuple de Venise a un type de beauté particulière qui ne s'est pas perdu. On rencontre encore d'admirables filles brunes (1) et de grands et beaux garçons, — à l'œil noir et vif, aux longues mèches de cheveux enroulées comme des copeaux d'ébène et tombant le long des joues, — qui sous la cape de bure et le bonnet de laine du gondolier, sont plus séduisants parfois, même pour les dames du

------

(1) Peu farouches. Il n'est bruit dans Venise, en ce moment, que de l'aventure étrange d'un comte français qui a découvert une belle jeune fille pauvre et vertueuse, dont il est tombé éperduement amoureux. Peintre, il la fait venir chez lui tous les jours pour faire son portrait, qu'il recommence sans cesse. Les séances se passent tout pudiquement, assure-t-on. Le comte, quoique très fier de sa noblesse, finira, on le pense, par épouser la chaste roturière.

grand monde que bien des *lions* en frac et coiffés de soie. — La chronique scanda- leuse de Venise vous le dira.

Ce n'est pas que les hommes de la haute société ne soient presque tous de char- mants cavaliers, à la chevelure noire et au teint blanc qui plaisent si fort aux fem- mes. — Cette pâleur transparente a un charme indéfinissable ; elle est presque générale ici. — Allez un soir au théâtre de la Fenice (quand même on y jouerait *les Horaces* de Mercadante), — et vous se- rez ravi et étonné de voir comme toutes les figures des spectateurs sont blanches et diaphanes ; — cela tient à ce que Venise est encore le pays du monde où l'amour se montre le plus friand de volupté sen- suelle. — Chacun n'y songe qu'à aimer. — C'est la seule affaire de ces sages et heureuses gens, qui ne désirent pas d'autre *position sociale*.

Les étrangers qui arrivent à Venise adoptent cette douce existence d'autant plus volontiers qu'elle s'offre d'elle-même à eux. — Nombre de jeunes gens, d'artistes surtout, venus ici pour passer quelques jours, s'y oublient et y restent. — L'un de nous a rencontré l'autre soir un peintre de ses amis, dont il n'avait plus entendu parler depuis longtemps. Le drôle, sans prévenir personne, s'est installé à Venise, et y vit depuis cinq ans, marié avec une des plus belles femmes de la ville, — à qui il nous a présentés comme compatriotes. — Il fait de l'amour beaucoup, — de l'art, un peu, et se moque du reste.

J'ai de lui, sur ma table, là, deux vues de Venise, la Piazzetta et le grand canal, éclairés par la pleine lune, qui sont d'un effet très beau et très poétique. — Cet homme, on le voit, aime Venise presqu'à l'égal de sa femme. — Il la peint sous toutes ses faces. — Il a chez lui des vues de petits canaux, prodigieuses comme effets de nuit, telles que n'en a point fait Canaletto. — Il a compris et rendu toute la poésie nocturne de Venise. — Ses tableaux, dont il ne consent à vendre que les moins bien réussis, gardant les autres pour lui ou pour ses amis, lui ont valu, à Venise, une certaine réputation qu'il semble ignorer. — La *Gloire* ne le touche plus. — B. lui demanda pourquoi il n'envoyait rien aux Expositions, pas même à celle de Paris, où son œuvre lui ferait, à coup sûr, un nom ?

— Peûh !... et il parla d'autre chose.

Par le temps qui court, voilà un fait

curieux. — On en trouverait ici bien d'autres pareils. — L'amour de la femme endort tous les autres amours, voire même celui de la liberté. On reproche aux Vénitiens de ne songer seulement pas à l'affranchissement de leur pays, tandis que le reste de l'Italie se soulève à chaque instant pour secouer son joug. — Que voulez-vous! — Ils sont heureux; ils aiment!

— Folie!

— Seule chose raisonnable, vraiment, qu'il y ait à faire sur ce petit globe, notre commune pillule, si amère, que nous léchons en grimaçant quand l'amour ne nous emmielle point la langue. — .... Plus de papier; — et la Poésie qui me revient en robe blanche! buon giorno, mia cara bella ! — Addio, dottore.

Félix de CHEVROLLET.